MW00974449

INTRODUCTION

As parents, as mothers, we will always remember the big days—the grand milestones and gradu-ations, the first words and major accomplish-ments. But what of all the other, easy-to-forget moments that make you and your children who you are? Within the pages of this five-year jour-nal are prompts and questions that ask you to think about all the little events and challenges and triumphs that fill your days. As you write a few sentences each day for five years, you'll have a record that runs from scraped knees and tears to hilarious moments and unlooked-for wisdom. Most of all, you will get to further celebrate the truly unique experience of being a mom.

POTTER STYLE

Copyright © 2015 by Potter Style

Published in the United States by Potter Style,
an imprint of the Crown Publishing Group, a division
of Penguin Random House LLC, New York.

www.crownpublishing.com
www.clarksonpotter.com

POTTER STYLE and colophon are registered
trademarks of Penguin Random House LLC.

Library of Congress Cataloging-in-Publication Data
is available upon request.

ISBN 978-0-553-44821-4

Printed in China

Text by Chelsea Holden Baker DeLorme
Cover design by Danielle Deschenes
Cover illustration by Shutterstock © MarushaBelle
Book design by Judith Stagnitto Abbate / www.abbatedesign.com

11

First Edition

JANUARY

1

What's your resolution for your family?

20___ • _____
_____
_____
_____

20___ • _____
_____
_____
_____

20___ • _____
_____
_____
_____

20___ • _____
_____
_____
_____

20___ • _____
_____
_____
_____

JANUARY

What's your resolution for yourself?

20___ • _____

_____

_____

_____

20___ • _____

_____

_____

_____

20___ • _____

_____

_____

_____

20___ • _____

_____

_____

_____

20___ • _____

_____

_____

_____

JANUARY

I love seeing my child _____.

3

20___ • _____
_____
_____
_____

20___ • _____
_____
_____
_____

20___ • _____
_____
_____
_____

20___ • _____
_____
_____
_____

20___ • _____
_____
_____
_____

JANUARY

*Who was the last family
member to visit?*

20____ • _____

_____

_____

_____

20____ • _____

_____

_____

_____

20____ • _____

_____

_____

_____

20____ • _____

_____

_____

_____

20____ • _____

_____

_____

_____

JANUARY

What's something you've done for your child that you never imagined you'd do?

5

20___ • _____

_____

_____

_____

20___ • _____

_____

_____

_____

20___ • _____

_____

_____

_____

20___ • _____

_____

_____

_____

20___ • _____

_____

_____

_____

JANUARY

How is your mom-esteem right now?

20___ • _____

_____

_____

_____

20___ • _____

_____

_____

_____

20___ • _____

_____

_____

_____

20___ • _____

_____

_____

_____

20___ • _____

_____

_____

_____

JANUARY

What's a smell you associate with your child?

20___ • _____
_____
_____
_____

20___ • _____
_____
_____
_____

20___ • _____
_____
_____
_____

20___ • _____
_____
_____
_____

20___ • _____
_____
_____
_____

8

JANUARY

What made your child laugh today?

20___ • _____
_____
_____
_____

20___ • _____
_____
_____
_____

20___ • _____
_____
_____
_____

20___ • _____
_____
_____
_____

20___ • _____
_____
_____
_____

JANUARY

I was in awe when my child _____.

20___ • _____

_____

_____

_____

20___ • _____

_____

_____

_____

20___ • _____

_____

_____

_____

20___ • _____

_____

_____

_____

20___ • _____

_____

_____

_____

10

JANUARY

*What was the best hug
you had this week?*

20___ • _____

_____

_____

_____

20___ • _____

_____

_____

_____

20___ • _____

_____

_____

_____

20___ • _____

_____

_____

_____

20___ • _____

_____

_____

_____

JANUARY

11

When was the last time you were at the library?

20____ • _____

_____

_____

_____

20____ • _____

_____

_____

_____

20____ • _____

_____

_____

_____

20____ • _____

_____

_____

_____

20____ • _____

_____

_____

_____

12

JANUARY

I'll be honest: _____ drives me crazy.

20___ • _____

_____

_____

_____

20___ • _____

_____

_____

_____

20___ • _____

_____

_____

_____

20___ • _____

_____

_____

_____

20___ • _____

_____

_____

_____

JANUARY

13

What interests your child lately?

20____ • _____
_____
_____
_____

20____ • _____
_____
_____
_____

20____ • _____
_____
_____
_____

20____ • _____
_____
_____
_____

20____ • _____
_____
_____
_____

14

JANUARY

*If you could have a parenting
do-over, what would it be?*

20___ • _____

_____

_____

_____

20___ • _____

_____

_____

_____

20___ • _____

_____

_____

_____

20___ • _____

_____

_____

_____

20___ • _____

_____

_____

_____

JANUARY

My floor is covered with _____.

15

20___ • _____

_____

_____

_____

20___ • _____

_____

_____

_____

20___ • _____

_____

_____

_____

20___ • _____

_____

_____

_____

20___ • _____

_____

_____

_____

16

JANUARY

*Write down one thing you want
to remember about today.*

20___ • _____

_____

_____

_____

20___ • _____

_____

_____

_____

20___ • _____

_____

_____

_____

20___ • _____

_____

_____

_____

20___ • _____

_____

_____

_____

JANUARY

17

*When was the last time you thought,
"I didn't see that one coming"?*

20___ • _____

_____

_____

_____

20___ • _____

_____

_____

_____

20___ • _____

_____

_____

_____

20___ • _____

_____

_____

_____

20___ • _____

_____

_____

_____

18

*What's a favorite quote
about motherhood?*

20___ •_____

_____

_____

_____

20___ •_____

_____

_____

_____

20___ •_____

_____

_____

_____

20___ •_____

_____

_____

_____

20___ •_____

_____

_____

_____

My bed is a place where _____.

20___ • _____
_____
_____
_____

20___ • _____
_____
_____
_____

20___ • _____
_____
_____
_____

20___ • _____
_____
_____
_____

20___ • _____
_____
_____
_____

JANUARY

*What's a parenting trick you
recently discovered?*

20___ • _____

_____

_____

_____

20___ • _____

_____

_____

_____

20___ • _____

_____

_____

_____

20___ • _____

_____

_____

_____

20___ • _____

_____

_____

_____

JANUARY

Our family needs to save money for _____.

20___ •_____

_____

_____

_____

20___ •_____

_____

_____

_____

20___ •_____

_____

_____

_____

20___ •_____

_____

_____

_____

20___ •_____

_____

_____

_____

JANUARY

*What makes you feel
put together?*

20___ • _____

_____

_____

_____

20___ • _____

_____

_____

_____

20___ • _____

_____

_____

_____

20___ • _____

_____

_____

_____

20___ • _____

_____

_____

_____

JANUARY

23

*Tomorrow I will _____ because
I know it will make _____ happy.*

20___ • _____

_____

_____

_____

20___ • _____

_____

_____

_____

20___ • _____

_____

_____

_____

20___ • _____

_____

_____

_____

20___ • _____

_____

_____

_____

JANUARY

*What's the most recent
thing you've handed down
to another mom?*

20___ • _____

_____

_____

_____

20___ • _____

_____

_____

_____

20___ • _____

_____

_____

_____

20___ • _____

_____

_____

_____

20___ • _____

_____

_____

_____

JANUARY

*Describe a face your
child makes.*

20___ •_____

_____

_____

_____

20___ •_____

_____

_____

_____

20___ •_____

_____

_____

_____

20___ •_____

_____

_____

_____

20___ •_____

_____

_____

_____

26

What's a recent "first"?

20___ • _____

_____

_____

_____

20___ • _____

_____

_____

_____

20___ • _____

_____

_____

_____

20___ • _____

_____

_____

_____

20___ • _____

_____

_____

_____

JANUARY

27

People might guess I'm a mom because _____.

20___ • _____

_____

_____

_____

20___ • _____

_____

_____

_____

20___ • _____

_____

_____

_____

20___ • _____

_____

_____

_____

20___ • _____

_____

_____

_____

JANUARY

What were you thinking about as you fell asleep last night?

20___ • _____

_____

_____

_____

20___ • _____

_____

_____

_____

20___ • _____

_____

_____

_____

20___ • _____

_____

_____

_____

20___ • _____

_____

_____

_____

JANUARY

Do you have rules?
What are they?

20___ • _____

_____

_____

_____

20___ • _____

_____

_____

_____

20___ • _____

_____

_____

_____

20___ • _____

_____

_____

_____

20___ • _____

_____

_____

_____

30

JANUARY

What's one piece of parenting advice you absolutely do not believe in?

20___ • _____

_____

_____

_____

20___ • _____

_____

_____

_____

20___ • _____

_____

_____

_____

20___ • _____

_____

_____

_____

20___ • _____

_____

_____

_____

JANUARY

31

*What are your three most
recent kid-related purchases?*

20___ • _____
_____
_____
_____

20___ • _____
_____
_____
_____

20___ • _____
_____
_____
_____

20___ • _____
_____
_____
_____

20___ • _____
_____
_____
_____

1.

FEBRUARY

When was the last time your child was sick?

20___ • _____

_____

_____

_____

20___ • _____

_____

_____

_____

20___ • _____

_____

_____

_____

20___ • _____

_____

_____

_____

20___ • _____

_____

_____

_____

FEBRUARY

Describe your child's angelic side.

2

20___ • _____

_____

_____

_____

20___ • _____

_____

_____

_____

20___ • _____

_____

_____

_____

20___ • _____

_____

_____

_____

3

FEBRUARY

Describe your child's devilish side.

20___ •_____

_____

_____

_____

20___ •_____

_____

_____

_____

20___ •_____

_____

_____

_____

20___ •_____

_____

_____

_____

20___ •_____

_____

_____

_____

FEBRUARY

*We recently tried _____
and it didn't go so well.*

20___ • _____

_____

_____

_____

20___ • _____

_____

_____

_____

20___ • _____

_____

_____

_____

20___ • _____

_____

_____

_____

20___ • _____

_____

_____

_____

5

*What's a typical Tuesday like
for your child?*

20___ • _____

_____

_____

_____

20___ • _____

_____

_____

_____

20___ • _____

_____

_____

_____

20___ • _____

_____

_____

_____

20___ • _____

_____

_____

_____

*Has motherhood made you stronger
or more vulnerable? Both?*

20____ • _____

_____

_____

_____

20____ • _____

_____

_____

_____

20____ • _____

_____

_____

_____

20____ • _____

_____

_____

_____

20____ • _____

_____

_____

_____

FEBRUARY

What's a favorite book right now?

20___ • _____

_____

_____

_____

20___ • _____

_____

_____

_____

20___ • _____

_____

_____

_____

20___ • _____

_____

_____

_____

20___ • _____

_____

_____

_____

FEBRUARY

I'm so glad _____ is in my child's life.

20___ • _____
_____
_____
_____

20___ • _____
_____
_____
_____

20___ • _____
_____
_____
_____

20___ • _____
_____
_____
_____

20___ • _____
_____
_____
_____

FEBRUARY

*Have you disagreed with any
professional opinions about your child?
What were they?*

20___ •_____

_____

_____

_____

20___ •_____

_____

_____

_____

20___ •_____

_____

_____

_____

20___ •_____

_____

_____

_____

20___ •_____

_____

_____

_____

*What's something you find
yourself repeating?*

20___ • _____

_____

_____

_____

20___ • _____

_____

_____

_____

20___ • _____

_____

_____

_____

20___ • _____

_____

_____

_____

20___ • _____

_____

_____

_____

11

What makes your kid your *kid?*

20___ • _____

_____

_____

_____

20___ • _____

_____

_____

_____

20___ • _____

_____

_____

_____

20___ • _____

_____

_____

_____

20___ • _____

_____

_____

_____

FEBRUARY

*I really value _____ time
with my child.*

12

20___ • _____
_____
_____
_____

20___ • _____
_____
_____
_____

20___ • _____
_____
_____
_____

20___ • _____
_____
_____
_____

20___ • _____
_____
_____
_____

13

What was the last meal you made?

20___ • _____

_____

_____

_____

20___ • _____

_____

_____

_____

20___ • _____

_____

_____

_____

20___ • _____

_____

_____

_____

20___ • _____

_____

_____

_____

FEBRUARY

How is your love life?

14

20___ • _____

_____

_____

_____

20___ • _____

_____

_____

_____

20___ • _____

_____

_____

_____

20___ • _____

_____

_____

_____

20___ • _____

_____

_____

_____

15

*Who do you wish could watch
your child grow up?*

20___ •_____

_____

_____

_____

20___ •_____

_____

_____

_____

20___ •_____

_____

_____

_____

20___ •_____

_____

_____

_____

20___ •_____

_____

_____

_____

FEBRUARY

16

*Are you keeping up with
your resolutions?*

20___ •_____

_____

_____

_____

20___ •_____

_____

_____

_____

20___ •_____

_____

_____

_____

20___ •_____

_____

_____

_____

20___ •_____

_____

_____

_____

17

FEBRUARY

Who was the last newborn you held?

20___ • _____

_____

_____

_____

20___ • _____

_____

_____

_____

20___ • _____

_____

_____

_____

20___ • _____

_____

_____

_____

20___ • _____

_____

_____

_____

FEBRUARY

*Write down your last
mom-related text.*

18

20___ • _____

_____

_____

_____

20___ • _____

_____

_____

_____

20___ • _____

_____

_____

_____

20___ • _____

_____

_____

_____

20___ • _____

_____

_____

_____

19

FEBRUARY

What's something you recently taught your child?

20___ •_____
_____
_____
_____

20___ •_____
_____
_____
_____

20___ •_____
_____
_____
_____

20___ •_____
_____
_____
_____

20___ •_____
_____
_____
_____

FEBRUARY

_____ *weather is a challenge because* _____.

20___ • _____

_____

_____

_____

20___ • _____

_____

_____

_____

20___ • _____

_____

_____

_____

20___ • _____

_____

_____

_____

20___ • _____

_____

_____

_____

21

What melts you?

20___ • _____
_____
_____
_____

20___ • _____
_____
_____
_____

20___ • _____
_____
_____
_____

20___ • _____
_____
_____
_____

20___ • _____
_____
_____
_____

FEBRUARY

I feel so relieved that _____.

20___ • _____
_____
_____
_____

20___ • _____
_____
_____
_____

20___ • _____
_____
_____
_____

20___ • _____
_____
_____
_____

20___ • _____
_____
_____
_____

23

FEBRUARY

*What's a funny place/time/way
your child has fallen asleep?*

20___ •_____

_____

_____

_____

20___ •_____

_____

_____

_____

20___ •_____

_____

_____

_____

20___ •_____

_____

_____

_____

20___ •_____

_____

_____

_____

FEBRUARY

*Have you tried something
new recently?*

24

20___ • _____

_____

_____

_____

20___ • _____

_____

_____

_____

20___ • _____

_____

_____

_____

20___ • _____

_____

_____

_____

20___ • _____

_____

_____

_____

FEBRUARY

*Describe how you feel when
you picture your child.*

20___ • _____

_____

_____

_____

20___ • _____

_____

_____

_____

20___ • _____

_____

_____

_____

20___ • _____

_____

_____

_____

20___ • _____

_____

_____

_____

FEBRUARY

*What's your favorite
kid gear right now?*

26

20___ • _____

_____

_____

_____

20___ • _____

_____

_____

_____

20___ • _____

_____

_____

_____

20___ • _____

_____

_____

_____

20___ • _____

_____

_____

_____

27

FEBRUARY

I am grateful to _____ *for* _____.

20___ · _____

_____

_____

_____

20___ · _____

_____

_____

_____

20___ · _____

_____

_____

_____

20___ · _____

_____

_____

_____

20___ · _____

_____

_____

_____

FEBRUARY

What keeps you motivated?

28

20___ •_____

_____

_____

_____

20___ •_____

_____

_____

_____

20___ •_____

_____

_____

_____

20___ •_____

_____

_____

_____

20___ •_____

_____

_____

_____

FEBRUARY

*Leap year only: What did you
do with your bonus day?*

20___ •_____

_____

_____

_____

20___ •_____

_____

_____

_____

20___ •_____

_____

_____

_____

20___ •_____

_____

_____

_____

20___ •_____

_____

_____

_____

1

*What kind of family vacation
do you fantasize about?*

20___ • _____

_____

_____

_____

20___ • _____

_____

_____

_____

20___ • _____

_____

_____

_____

20___ • _____

_____

_____

_____

20___ • _____

_____

_____

_____

MARCH

How does your child react to new people?

20___ •_____

_____

_____

_____

20___ •_____

_____

_____

_____

20___ •_____

_____

_____

_____

20___ •_____

_____

_____

_____

20___ •_____

_____

_____

_____

MARCH

*What's a typical Friday
night these days?*

3

20____ •_____

_____

_____

_____

20____ •_____

_____

_____

_____

20____ •_____

_____

_____

_____

20____ •_____

_____

_____

_____

20____ •_____

_____

_____

_____

MARCH

I love that kids get to
_____ in our culture.

20___ • _____
_____
_____
_____

20___ • _____
_____
_____
_____

20___ • _____
_____
_____
_____

20___ • _____
_____
_____
_____

20___ • _____
_____
_____
_____

MARCH

5

*I wish that kids got to
_____ in our culture.*

20___ • _____
_____
_____
_____

20___ • _____
_____
_____
_____

20___ • _____
_____
_____
_____

20___ • _____
_____
_____
_____

20___ • _____
_____
_____
_____

MARCH

How did you play today?

20 _____ • _____

_____

_____

_____

20 _____ • _____

_____

_____

_____

20 _____ • _____

_____

_____

_____

20 _____ • _____

_____

_____

_____

20 _____ • _____

_____

_____

_____

MARCH

*What word or phrase do you use most
when interacting with your child?*

20___ • _____

_____

_____

_____

20___ • _____

_____

_____

_____

20___ • _____

_____

_____

_____

20___ • _____

_____

_____

_____

20___ • _____

_____

_____

_____

MARCH

Use this space to brag.

20___ •_____
_____
_____
_____

20___ •_____
_____
_____
_____

20___ •_____
_____
_____
_____

20___ •_____
_____
_____
_____

20___ •_____
_____
_____
_____

My child helps me appreciate _____ more.

20___ • _____
_____
_____
_____

20___ • _____
_____
_____
_____

20___ • _____
_____
_____
_____

20___ • _____
_____
_____
_____

20___ • _____
_____
_____
_____

10

MARCH

What do you need to purge?

20___ • _____

_____

_____

_____

20___ • _____

_____

_____

_____

20___ • _____

_____

_____

_____

20___ • _____

_____

_____

_____

20___ • _____

_____

_____

_____

Who is ruling the roost right now?

20____ • _____

_____

_____

_____

20____ • _____

_____

_____

_____

20____ • _____

_____

_____

_____

20____ • _____

_____

_____

_____

20____ • _____

_____

_____

_____

12

MARCH

*What's a good example
of mother's intuition?*

20___ •_____

_____

_____

_____

20___ •_____

_____

_____

_____

20___ •_____

_____

_____

_____

20___ •_____

_____

_____

_____

20___ •_____

_____

_____

_____

MARCH

13

I'm so glad we _____
this past week.

20___ • _____

_____

_____

_____

20___ • _____

_____

_____

_____

20___ • _____

_____

_____

_____

20___ • _____

_____

_____

_____

20___ • _____

_____

_____

_____

14

*What's something your
child does not like?*

20___ • _____
_____
_____
_____

20___ • _____
_____
_____
_____

20___ • _____
_____
_____
_____

20___ • _____
_____
_____
_____

20___ • _____
_____
_____
_____

Right now, which do you need more:
excitement or contentment?

20___ •_____

_____

_____

_____

20___ •_____

_____

_____

_____

20___ •_____

_____

_____

_____

20___ •_____

_____

_____

_____

20___ •_____

_____

_____

_____

16

*Tickle your child and
write about it here.*

20___ • _____
_____
_____
_____

20___ • _____
_____
_____
_____

20___ • _____
_____
_____
_____

20___ • _____
_____
_____
_____

20___ • _____
_____
_____
_____

MARCH

*What's one way your
child is lucky?*

20___ • _____

_____

_____

_____

20___ • _____

_____

_____

_____

20___ • _____

_____

_____

_____

20___ • _____

_____

_____

_____

20___ • _____

_____

_____

_____

18

*When was the last time you
got friends together?*

20___ •_____

_____

_____

_____

20___ •_____

_____

_____

_____

20___ •_____

_____

_____

_____

20___ •_____

_____

_____

_____

20___ •_____

_____

_____

_____

MARCH

19

*What's your family looking
forward to?*

20___ •_____

_____

_____

_____

20___ •_____

_____

_____

_____

20___ •_____

_____

_____

_____

20___ •_____

_____

_____

_____

20___ •_____

_____

_____

_____

MARCH

Do you know other parents who are having a tough time right now?

20___ •_____

_____

_____

_____

20___ •_____

_____

_____

_____

20___ •_____

_____

_____

_____

20___ •_____

_____

_____

_____

20___ •_____

_____

_____

_____

MARCH

*What's a daily habit that you'll
start cultivating today?*

20_____ •_____

_____

_____

_____

20_____ •_____

_____

_____

_____

20_____ •_____

_____

_____

_____

20_____ •_____

_____

_____

_____

20_____ •_____

_____

_____

_____

MARCH

Tough? Loving? Forgiving?
Describe your parenting style
in five words.

20___ • _____
_____
_____
_____

20___ • _____
_____
_____
_____

20___ • _____
_____
_____
_____

20___ • _____
_____
_____
_____

20___ • _____
_____
_____
_____

MARCH

How did you feel when you woke up this morning?

23

20___ • _____

_____

_____

_____

20___ • _____

_____

_____

_____

20___ • _____

_____

_____

_____

20___ • _____

_____

_____

_____

20___ • _____

_____

_____

_____

24

MARCH

*What's the hardest thing to do
with your child right now?*

20___ • _____

_____

_____

_____

20___ • _____

_____

_____

_____

20___ • _____

_____

_____

_____

20___ • _____

_____

_____

_____

20___ • _____

_____

_____

_____

MARCH

*What was the funniest
moment this week?*

25

20___ • _____

_____

_____

_____

20___ • _____

_____

_____

_____

20___ • _____

_____

_____

_____

20___ • _____

_____

_____

_____

20___ • _____

_____

_____

_____

26

MARCH

As a mom, what moves you?

20___ • _____

_____

_____

_____

20___ • _____

_____

_____

_____

20___ • _____

_____

_____

_____

20___ • _____

_____

_____

_____

20___ • _____

_____

_____

_____

MARCH

How did you show your child love today?

27

20___ • _____

_____

_____

_____

20___ • _____

_____

_____

_____

20___ • _____

_____

_____

_____

20___ • _____

_____

_____

_____

20___ • _____

_____

_____

_____

MARCH

What's the best thing about life right now?

20___ • _____

_____

_____

_____

20___ • _____

_____

_____

_____

20___ • _____

_____

_____

_____

20___ • _____

_____

_____

_____

20___ • _____

_____

_____

_____

MARCH

29

*What's a parenting
"fact" that no one seems
to acknowledge?*

20___ • _____

_____

_____

_____

20___ • _____

_____

_____

_____

20___ • _____

_____

_____

_____

20___ • _____

_____

_____

_____

20___ • _____

_____

_____

_____

MARCH

*What's happening
with your child's teeth?*

20___ • _____

_____

_____

_____

20___ • _____

_____

_____

_____

20___ • _____

_____

_____

_____

20___ • _____

_____

_____

_____

20___ • _____

_____

_____

_____

MARCH

*Name a few activities
or people that help you when
you are stressed out.*

31

20___ •_____

_____

_____

_____

20___ •_____

_____

_____

_____

20___ •_____

_____

_____

_____

20___ •_____

_____

_____

_____

20___ •_____

_____

_____

_____

1

APRIL

Share some potty humor.

20___ •_____

_____

_____

_____

20___ •_____

_____

_____

_____

20___ •_____

_____

_____

_____

20___ •_____

_____

_____

_____

20___ •_____

_____

_____

_____

APRIL

*What are Monday mornings
like at your house?*

2

20___ • _____
_____
_____
_____

20___ • _____
_____
_____
_____

20___ • _____
_____
_____
_____

20___ • _____
_____
_____
_____

20___ • _____
_____
_____
_____

APRIL

*How are your relationships
with girlfriends who aren't moms?*

20___ •_____

_____

_____

_____

20___ •_____

_____

_____

_____

20___ •_____

_____

_____

_____

20___ •_____

_____

_____

_____

20___ •_____

_____

_____

_____

APRIL

*What news headlines are
weighing on you?*

20___ •_____

_____

_____

_____

20___ •_____

_____

_____

_____

20___ •_____

_____

_____

_____

20___ •_____

_____

_____

_____

20___ •_____

_____

_____

_____

5

APRIL

I was amazed when my kid _____.

20___ • _____
_____
_____
_____

20___ • _____
_____
_____
_____

20___ • _____
_____
_____
_____

20___ • _____
_____
_____
_____

20___ • _____
_____
_____
_____

APRIL

Were you cheerful today?

20___ • _____

_____

_____

_____

20___ • _____

_____

_____

_____

20___ • _____

_____

_____

_____

20___ • _____

_____

_____

_____

20___ • _____

_____

_____

_____

APRIL

*What's a new addition to your
bedtime routine?*

20___ •_____

_____

_____

_____

20___ •_____

_____

_____

_____

20___ •_____

_____

_____

_____

20___ •_____

_____

_____

_____

20___ •_____

_____

_____

_____

APRIL

*Has something scared
your child recently?*

20____ • _____
_____
_____
_____

20____ • _____
_____
_____
_____

20____ • _____
_____
_____
_____

20____ • _____
_____
_____
_____

20____ • _____
_____
_____
_____

APRIL

*What makes you think
of your grandparents?*

20____ • _____

_____

_____

_____

20____ • _____

_____

_____

_____

20____ • _____

_____

_____

_____

20____ • _____

_____

_____

_____

20____ • _____

_____

_____

_____

APRIL

10

*What magical parenting invention
would make your life easier?*

20___ • _____

_____

_____

_____

20___ • _____

_____

_____

_____

20___ • _____

_____

_____

_____

20___ • _____

_____

_____

_____

20___ • _____

_____

_____

_____

11

*Are there other kids you adore
in addition to your own? Who?*

20___ • _____
_____
_____
_____

20___ • _____
_____
_____
_____

20___ • _____
_____
_____
_____

20___ • _____
_____
_____
_____

20___ • _____
_____
_____
_____

APRIL

*What's the last photo you
framed or displayed?*

12

20____ • _____

_____

_____

_____

20____ • _____

_____

_____

_____

20____ • _____

_____

_____

_____

20____ • _____

_____

_____

_____

20____ • _____

_____

_____

_____

13

APRIL

Today I was grateful for _____.

20___ • _____

_____

_____

_____

20___ • _____

_____

_____

_____

20___ • _____

_____

_____

_____

20___ • _____

_____

_____

_____

20___ • _____

_____

_____

_____

14

What was your longest stretch of uninterrupted "me" time this week?

20___ • _____

_____

_____

_____

20___ • _____

_____

_____

_____

20___ • _____

_____

_____

_____

20___ • _____

_____

_____

_____

20___ • _____

_____

_____

_____

15

*What was the last thing
you cried about?*

20___ • _____

_____

_____

_____

20___ • _____

_____

_____

_____

20___ • _____

_____

_____

_____

20___ • _____

_____

_____

_____

20___ • _____

_____

_____

_____

APRIL

*What adjective do you use most
often to describe your child?*

&16

20___ • _____

_____

_____

_____

20___ • _____

_____

_____

_____

20___ • _____

_____

_____

_____

20___ • _____

_____

_____

_____

20___ • _____

_____

_____

_____

17

*Who's another mom you'd
like to know better?*

20___ • _____
_____
_____
_____

20___ • _____
_____
_____
_____

20___ • _____
_____
_____
_____

20___ • _____
_____
_____
_____

20___ • _____
_____
_____
_____

APRIL

18

*What's something you recently
bought for your child?*

20___ • _____

_____

_____

_____

20___ • _____

_____

_____

_____

20___ • _____

_____

_____

_____

20___ • _____

_____

_____

_____

20___ • _____

_____

_____

_____

19

*I need to go easier on
myself about _____.*

20___ • _____

_____

_____

_____

20___ • _____

_____

_____

_____

20___ • _____

_____

_____

_____

20___ • _____

_____

_____

_____

20___ • _____

_____

_____

_____

APRIL

*How does your child
thank you?*

20

20 ___ • _____

_____

_____

_____

20 ___ • _____

_____

_____

_____

20 ___ • _____

_____

_____

_____

20 ___ • _____

_____

_____

_____

20 ___ • _____

_____

_____

_____

21

APRIL

*What's your best
time-saving shortcut?*

20___ • _____

_____

_____

_____

20___ • _____

_____

_____

_____

20___ • _____

_____

_____

_____

20___ • _____

_____

_____

_____

20___ • _____

_____

_____

_____

APRIL

When was the last time you used a babysitter in the evening?

22

20___ • _____

_____

_____

_____

20___ • _____

_____

_____

_____

20___ • _____

_____

_____

_____

20___ • _____

_____

_____

_____

20___ • _____

_____

_____

_____

23

APRIL

Have you nagged recently?

20___ • _____

_____

_____

_____

20___ • _____

_____

_____

_____

20___ • _____

_____

_____

_____

20___ • _____

_____

_____

_____

20___ • _____

_____

_____

_____

*What does your child
enjoy doing quietly?*

20___ • _____

_____

_____

_____

20___ • _____

_____

_____

_____

20___ • _____

_____

_____

_____

20___ • _____

_____

_____

_____

20___ • _____

_____

_____

_____

APRIL

*As a parent, what
makes you proud?*

20___ • _____
_____
_____
_____

20___ • _____
_____
_____
_____

20___ • _____
_____
_____
_____

20___ • _____
_____
_____
_____

20___ • _____
_____
_____
_____

26

I wish my family was _____.

20___ • _____
_____
_____
_____

20___ • _____
_____
_____
_____

20___ • _____
_____
_____
_____

20___ • _____
_____
_____
_____

20___ • _____
_____
_____
_____

APRIL

*Are you making time to take
care of yourself? How?*

20___ • _____

_____

_____

_____

20___ • _____

_____

_____

_____

20___ • _____

_____

_____

_____

20___ • _____

_____

_____

_____

20___ • _____

_____

_____

_____

APRIL

*What was the last thing your
child cried about?*

28

20___ • _____

_____

_____

_____

20___ • _____

_____

_____

_____

20___ • _____

_____

_____

_____

20___ • _____

_____

_____

_____

20___ • _____

_____

_____

_____

APRIL

How are you positively influencing your child?

20___ • _____
_____
_____
_____

20___ • _____
_____
_____
_____

20___ • _____
_____
_____
_____

20___ • _____
_____
_____
_____

20___ • _____
_____
_____
_____

APRIL

30

*What's an adventure you'd
like to try with your family?*

20___ • _____
_____
_____
_____

20___ • _____
_____
_____
_____

20___ • _____
_____
_____
_____

20___ • _____
_____
_____
_____

20___ • _____
_____
_____
_____

1

MAY

Does your child have any new friends?

20___ • _____
_____
_____
_____

20___ • _____
_____
_____
_____

20___ • _____
_____
_____
_____

20___ • _____
_____
_____
_____

20___ • _____
_____
_____
_____

MAY

What's your grossest mom experience to date?

2

20____ •_____

_____

_____

_____

20____ •_____

_____

_____

_____

20____ •_____

_____

_____

_____

20____ •_____

_____

_____

_____

20____ •_____

_____

_____

_____

MAY

*Suppose your child became famous.
What would it be for?*

20____ • _____

_____

_____

_____

20____ • _____

_____

_____

_____

20____ • _____

_____

_____

_____

20____ • _____

_____

_____

_____

20____ • _____

_____

_____

_____

MAY

I cultivate an atmosphere
of _____ at home.

20___ • _____
_____
_____
_____

20___ • _____
_____
_____
_____

20___ • _____
_____
_____
_____

20___ • _____
_____
_____
_____

20___ • _____
_____
_____
_____

5

*What is something strangers
say about your child?*

20___ •_____

_____

_____

_____

20___ •_____

_____

_____

_____

20___ •_____

_____

_____

_____

20___ •_____

_____

_____

_____

20___ •_____

_____

_____

_____

*If you could do anything
tomorrow, what would it be?*

20 ___ •_____

_____

_____

_____

20 ___ •_____

_____

_____

_____

20 ___ •_____

_____

_____

_____

20 ___ •_____

_____

_____

_____

20 ___ •_____

_____

_____

_____

MAY

What kind of weather describes your kid today?
(Sunshine? Tornado?)

20___ •_____

_____

_____

_____

20___ •_____

_____

_____

_____

20___ •_____

_____

_____

_____

20___ •_____

_____

_____

_____

20___ •_____

_____

_____

_____

MAY

*All I want to hear on
Mother's Day is:*

20___ • _____

_____

_____

_____

20___ • _____

_____

_____

_____

20___ • _____

_____

_____

_____

20___ • _____

_____

_____

_____

20___ • _____

_____

_____

_____

MAY

*I love that my child is
innocent about _____.*

20___ • _____
_____
_____
_____

20___ • _____
_____
_____
_____

20___ • _____
_____
_____
_____

20___ • _____
_____
_____
_____

20___ • _____
_____
_____
_____

MAY

10

What was the last place you went that was full of kids?

20___ • _____

_____

_____

_____

20___ • _____

_____

_____

_____

20___ • _____

_____

_____

_____

20___ • _____

_____

_____

_____

20___ • _____

_____

_____

_____

11

MAY

When going out with my child,
I always bring _____.

20___ • _____
_____
_____
_____

20___ • _____
_____
_____
_____

20___ • _____
_____
_____
_____

20___ • _____
_____
_____
_____

20___ • _____
_____
_____
_____

MAY

Do you feel beautiful?

12

20___ • _____
_____
_____
_____

20___ • _____
_____
_____
_____

20___ • _____
_____
_____
_____

20___ • _____
_____
_____
_____

20___ • _____
_____
_____
_____

13

MAY

*Next time you see the
pediatrician you'll ask:*

20___ • _____
_____
_____
_____

20___ • _____
_____
_____
_____

20___ • _____
_____
_____
_____

20___ • _____
_____
_____
_____

20___ • _____
_____
_____
_____

MAY

14

Pick a number between 10 and 100. What will your child be like at that age?

20___ •_____

_____

_____

_____

20___ •_____

_____

_____

_____

20___ •_____

_____

_____

_____

20___ •_____

_____

_____

_____

20___ •_____

_____

_____

_____

15

MAY

Who is a mom you admire?

20___ • _____
_____
_____
_____

20___ • _____
_____
_____
_____

20___ • _____
_____
_____
_____

20___ • _____
_____
_____
_____

20___ • _____
_____
_____
_____

16

*What do you envy
about your child?*

20___ •_____

_____

_____

_____

20___ •_____

_____

_____

_____

20___ •_____

_____

_____

_____

20___ •_____

_____

_____

_____

20___ •_____

_____

_____

_____

17

Right now, we're constantly _____.

20___ • _____
_____
_____
_____

20___ • _____
_____
_____
_____

20___ • _____
_____
_____
_____

20___ • _____
_____
_____
_____

20___ • _____
_____
_____
_____

MAY

18

*What's your answer to the question
"What do you do?"*

20___ • _____

_____

_____

_____

20___ • _____

_____

_____

_____

20___ • _____

_____

_____

_____

20___ • _____

_____

_____

_____

20___ • _____

_____

_____

_____

19

MAY

Your kid is cute.
But when are they cutest?

20___ • _____

_____

_____

_____

20___ • _____

_____

_____

_____

20___ • _____

_____

_____

_____

20___ • _____

_____

_____

_____

20___ • _____

_____

_____

_____

MAY

20

_____ *really looks
out for my child.*

20____ • _____
_____
_____
_____

20____ • _____
_____
_____
_____

20____ • _____
_____
_____
_____

20____ • _____
_____
_____
_____

20____ • _____
_____
_____
_____

21

MAY

What's your guilty pleasure?

20___ •_____

_____

_____

_____

20___ •_____

_____

_____

_____

20___ •_____

_____

_____

_____

20___ •_____

_____

_____

_____

20___ •_____

_____

_____

_____

MAY

*Has your child given
you a scare recently?*

22

20 21 / Neither of my two daughters
have, but my grandson
who is 30 + rides a motorcycle
did. He laid his "BIKE DOWN".
Just some road rash !!

20___ •_____

20___ •_____

20___ •_____

20___ •_____

23

MAY

*What's one way parenting
has changed with your generation?*

20 21 • I think my generation
is more flexible + its not as
much "What will the neighbors
think?" People can be "themselve

20___ •_____

20___ •_____

20___ •_____

20___ •_____

It still surprises me that _____ . 24

20 21 . There is no cure for cancer . There was a shot used for polio + vaccines for other diseases . Why not for cancer, Malaria + pneumonia ??

20 ___ . _____

20 ___ . _____

20 ___ . _____

20 ___ . _____

25

MAY

*What do you love doing
with your child these days?*

20 __21__ . My two girls are 44 + 48.
But I have grandchildren + great-
grandchildren. I love getting on
the floor with them + playing cars
or playing dolls with the girls.

20 __ . __

20 __ . __

20 __ . __

20 __ . __

MAY

*Is there a rut you'd
like to get out of?*

26

20 <u>21</u> · WATCHING ≠ TV !!!
Someday I spend half the
day on the couch watching
TV, especially the ID channel

20___ · _____

20___ · _____

20___ · _____

20___ · _____

27

*Does your child have
a signature move?*

20 21. Well, right now my girls
are 44 + 48. I'm going to say
that their "moves" are being great
Moms + taking care of their
their children. They each have t

20___ . _____

20___ . _____

20___ . _____

20___ . _____

MAY

28

I have to tell myself my child will be fine when _____.

20 _24_ . _____

_____

_____

_____

20___ . _____

_____

_____

_____

20___ . _____

_____

_____

_____

20___ . _____

_____

_____

_____

20___ . _____

_____

_____

_____

MAY

*What's some good news
in your life right now?*

20 21 . _____

_____

_____

_____

20___ • _____

_____

_____

_____

20___ • _____

_____

_____

_____

20___ • _____

_____

_____

_____

20___ • _____

_____

_____

_____

MAY

*Describe an ideal
day with your kid.*

30

20 21 . _____

_____

_____

_____

20 ___ . _____

_____

_____

_____

20 ___ . _____

_____

_____

_____

20 ___ . _____

_____

_____

_____

20 ___ . _____

_____

_____

_____

31

MAY

What makes you sentimental?

20 24 . _____

_____

_____

_____

20___ . _____

_____

_____

_____

20___ . _____

_____

_____

_____

20___ . _____

_____

_____

_____

20___ . _____

_____

_____

_____

JUNE

1

How do you enjoy music with your child?

20___ • _____

_____

_____

_____

20___ • _____

_____

_____

_____

20___ • _____

_____

_____

_____

20___ • _____

_____

_____

_____

20___ • _____

_____

_____

_____

JUNE

*I never imagined I'd say things like
_____, before I became a mom.*

20___ • _____
_____
_____
_____

20___ • _____
_____
_____
_____

20___ • _____
_____
_____
_____

20___ • _____
_____
_____
_____

20___ • _____
_____
_____
_____

JUNE

3

*What's a nickname or term of
endearment you've been using lately?*

20___ • _____

_____

_____

_____

20___ • _____

_____

_____

_____

20___ • _____

_____

_____

_____

20___ • _____

_____

_____

_____

20___ • _____

_____

_____

_____

JUNE

*Who do you trust
to watch your child?*

20___ •_____

_____

_____

_____

20___ •_____

_____

_____

_____

20___ •_____

_____

_____

_____

20___ •_____

_____

_____

_____

20___ •_____

_____

_____

_____

JUNE

*What's the silliest thing
you worry about?*

5

20___ • _____

_____

_____

_____

20___ • _____

_____

_____

_____

20___ • _____

_____

_____

_____

20___ • _____

_____

_____

_____

20___ • _____

_____

_____

_____

JUNE

*What's the dirtiest your
kid has been recently?*

20___ •_____

_____

_____

_____

20___ •_____

_____

_____

_____

20___ •_____

_____

_____

_____

20___ •_____

_____

_____

_____

20___ •_____

_____

_____

_____

JUNE

What do your child's shoes look like?

20_____ •_____

_____

_____

_____

20_____ •_____

_____

_____

_____

20_____ •_____

_____

_____

_____

20_____ •_____

_____

_____

_____

20_____ •_____

_____

_____

_____

8

JUNE

How are car rides these days?

20___ • _____

_____

_____

_____

20___ • _____

_____

_____

_____

20___ • _____

_____

_____

_____

20___ • _____

_____

_____

_____

20___ • _____

_____

_____

_____

JUNE

Describe a recent walk with your child.

20___ • _____

_____

_____

_____

20___ • _____

_____

_____

_____

20___ • _____

_____

_____

_____

20___ • _____

_____

_____

_____

20___ • _____

_____

_____

_____

10

JUNE

What's something other moms do that you would never do?

20___ • _____

_____

_____

_____

20___ • _____

_____

_____

_____

20___ • _____

_____

_____

_____

20___ • _____

_____

_____

_____

20___ • _____

_____

_____

_____

*How do you return support to
those who support you?*

20___ • _____

_____

_____

_____

20___ • _____

_____

_____

_____

20___ • _____

_____

_____

_____

20___ • _____

_____

_____

_____

20___ • _____

_____

_____

_____

12

JUNE

What's your child up to today?

20___ • _____

_____

_____

_____

20___ • _____

_____

_____

_____

20___ • _____

_____

_____

_____

20___ • _____

_____

_____

_____

20___ • _____

_____

_____

_____

JUNE

13

*My most unconventional
choice as a mom is:*

20___ • _____
_____
_____
_____

20___ • _____
_____
_____
_____

20___ • _____
_____
_____
_____

20___ • _____
_____
_____
_____

20___ • _____
_____
_____
_____

14

JUNE

*Is it possible to stay on top
of laundry…or any other chore?*

20___ • _____

_____

_____

_____

20___ • _____

_____

_____

_____

20___ • _____

_____

_____

_____

20___ • _____

_____

_____

_____

20___ • _____

_____

_____

_____

JUNE

15

On Father's Day
I think about _____.

20___ •_____
_____
_____
_____

20___ •_____
_____
_____
_____

20___ •_____
_____
_____
_____

20___ •_____
_____
_____
_____

20___ •_____
_____
_____
_____

16

*Which song has your kid been
listening to lately?*

20___ •_____
_____
_____
_____

20___ •_____
_____
_____
_____

20___ •_____
_____
_____
_____

20___ •_____
_____
_____
_____

20___ •_____
_____
_____
_____

JUNE

I'd love to have a photo of my child and me _____.

20___ • _____

_____

_____

_____

20___ • _____

_____

_____

_____

20___ • _____

_____

_____

_____

20___ • _____

_____

_____

_____

20___ • _____

_____

_____

_____

18

JUNE

*What was the last movie you watched
with your kid at the movie theater?*

20___ • _____
_____
_____
_____

20___ • _____
_____
_____
_____

20___ • _____
_____
_____
_____

20___ • _____
_____
_____
_____

20___ • _____
_____
_____
_____

19

*What about your neighborhood
is good for kids?*

20___ • _____

_____

_____

_____

20___ • _____

_____

_____

_____

20___ • _____

_____

_____

_____

20___ • _____

_____

_____

_____

20___ • _____

_____

_____

_____

JUNE

The secret to traveling with a child this age is _____.

20___ • _____

_____

_____

_____

20___ • _____

_____

_____

_____

20___ • _____

_____

_____

_____

20___ • _____

_____

_____

_____

20___ • _____

_____

_____

_____

JUNE

*What do you want the theme
of this summer to be?*

20____ • _____

_____

_____

_____

20____ • _____

_____

_____

_____

20____ • _____

_____

_____

_____

20____ • _____

_____

_____

_____

20____ • _____

_____

_____

_____

JUNE

How does your child greet you when you've been apart for a while?

20___ •_____

_____

_____

_____

20___ •_____

_____

_____

_____

20___ •_____

_____

_____

_____

20___ •_____

_____

_____

_____

20___ •_____

_____

_____

_____

JUNE

23

*What milestone are you
looking forward to?*

20___ • _____

_____

_____

_____

20___ • _____

_____

_____

_____

20___ • _____

_____

_____

_____

20___ • _____

_____

_____

_____

20___ • _____

_____

_____

_____

JUNE

*I'm praying that my child
does not become
obsessed with _____.*

20___ • _____

_____

_____

_____

20___ • _____

_____

_____

_____

20___ • _____

_____

_____

_____

20___ • _____

_____

_____

_____

20___ • _____

_____

_____

_____

JUNE

25

*Three words that currently
describe my family are:*

20___ •_____
_____
_____
_____

20___ •_____
_____
_____
_____

20___ •_____
_____
_____
_____

20___ •_____
_____
_____
_____

20___ •_____
_____
_____
_____

26

JUNE

*What is remarkable
about your child right now?*

20___ • _____

_____

_____

_____

20___ • _____

_____

_____

_____

20___ • _____

_____

_____

_____

20___ • _____

_____

_____

_____

20___ • _____

_____

_____

_____

JUNE

27

Choose one:
I like/hate social media. Why?

20___ • _____

_____

_____

_____

20___ • _____

_____

_____

_____

20___ • _____

_____

_____

_____

20___ • _____

_____

_____

_____

20___ • _____

_____

_____

_____

JUNE

*Describe a moment
when you were struck
by your child's beauty.*

20___ • _____
_____
_____
_____

20___ • _____
_____
_____
_____

20___ • _____
_____
_____
_____

20___ • _____
_____
_____
_____

20___ • _____
_____
_____
_____

JUNE

Does anyone overstep their bounds with your parenting?

20___ • _____

_____

_____

_____

20___ • _____

_____

_____

_____

20___ • _____

_____

_____

_____

20___ • _____

_____

_____

_____

20___ • _____

_____

_____

_____

30

JUNE

*I'm so glad no one has
to know about _____.*

20____ • _____

_____

_____

_____

20____ • _____

_____

_____

_____

20____ • _____

_____

_____

_____

20____ • _____

_____

_____

_____

20____ • _____

_____

_____

_____

JULY

Is there a food your child refuses to eat?

1

20___ • _____

_____

_____

_____

20___ • _____

_____

_____

_____

20___ • _____

_____

_____

_____

20___ • _____

_____

_____

_____

20___ • _____

_____

_____

_____

JULY

Reflect on this:
Today is the midpoint of the year.

20___ • _____

_____

_____

_____

20___ • _____

_____

_____

_____

20___ • _____

_____

_____

_____

20___ • _____

_____

_____

_____

20___ • _____

_____

_____

_____

JULY

*What's something both you
and your child love?*

20___ • _____

_____

_____

_____

20___ • _____

_____

_____

_____

20___ • _____

_____

_____

_____

20___ • _____

_____

_____

_____

20___ • _____

_____

_____

_____

JULY

*Where was your last
family photo taken?*

20___ • _____
_____
_____
_____

20___ • _____
_____
_____
_____

20___ • _____
_____
_____
_____

20___ • _____
_____
_____
_____

20___ • _____
_____
_____
_____

What makes you feel good?

5

20___ •_____

_____

_____

_____

20___ •_____

_____

_____

_____

20___ •_____

_____

_____

_____

20___ •_____

_____

_____

_____

20___ •_____

_____

_____

_____

JULY

*When was the last time
you played in/or with water?*

20___ •_____

_____

_____

_____

20___ •_____

_____

_____

_____

20___ •_____

_____

_____

_____

20___ •_____

_____

_____

_____

20___ •_____

_____

_____

_____

JULY

If circumstances were different,
I might have _____.

20___ • _____

_____

_____

_____

20___ • _____

_____

_____

_____

20___ • _____

_____

_____

_____

20___ • _____

_____

_____

_____

20___ • _____

_____

_____

_____

JULY

*What's the most recent
change in your child's room?*

20____ •_____

_____

_____

_____

20____ •_____

_____

_____

_____

20____ •_____

_____

_____

_____

20____ •_____

_____

_____

_____

20____ •_____

_____

_____

_____

Today I spent _____ doing _____.

20___ •_____

_____

_____

_____

20___ •_____

_____

_____

_____

20___ •_____

_____

_____

_____

20___ •_____

_____

_____

_____

20___ •_____

_____

_____

_____

10

JULY

What's your kiddo's latest boo-boo?

20___ • _____
_____
_____
_____

20___ • _____
_____
_____
_____

20___ • _____
_____
_____
_____

20___ • _____
_____
_____
_____

20___ • _____
_____
_____
_____

JULY

*On a scale of 1 to 10,
how happy are you?*

11

20___ • _____

_____

_____

_____

20___ • _____

_____

_____

_____

20___ • _____

_____

_____

_____

20___ • _____

_____

_____

_____

20___ • _____

_____

_____

_____

12

JULY

*When was a time you
really missed your child?*

20___ • _____
_____
_____
_____

20___ • _____
_____
_____
_____

20___ • _____
_____
_____
_____

20___ • _____
_____
_____
_____

20___ • _____
_____
_____
_____

13

*What milestone in your
child's life do you have
mixed feelings about?*

20___ • _____

_____

_____

_____

20___ • _____

_____

_____

_____

20___ • _____

_____

_____

_____

20___ • _____

_____

_____

_____

20___ • _____

_____

_____

_____

14

JULY

What makes your child curious?

20___ • _____

_____

_____

_____

20___ • _____

_____

_____

_____

20___ • _____

_____

_____

_____

20___ • _____

_____

_____

_____

20___ • _____

_____

_____

_____

JULY

15

*If your child was an animal,
what would he or she be?*

20____ •_____
_____
_____
_____

20____ •_____
_____
_____
_____

20____ •_____
_____
_____
_____

20____ •_____
_____
_____
_____

20____ •_____
_____
_____
_____

16

JULY

*How have your mom skills
been tested recently?*

20___ • _____

_____

_____

_____

20___ • _____

_____

_____

_____

20___ • _____

_____

_____

_____

20___ • _____

_____

_____

_____

20___ • _____

_____

_____

_____

JULY

17

What's the last thing you made for your child?

20___ • _____
_____
_____
_____

20___ • _____
_____
_____
_____

20___ • _____
_____
_____
_____

20___ • _____
_____
_____
_____

20___ • _____
_____
_____
_____

18

JULY

When _____ is mad,
you know it because _____.

20___ •_____

_____

_____

_____

20___ •_____

_____

_____

_____

20___ •_____

_____

_____

_____

20___ •_____

_____

_____

_____

20___ •_____

_____

_____

_____

What are birthdays like now?

20___ • _____

_____

_____

_____

20___ • _____

_____

_____

_____

20___ • _____

_____

_____

_____

20___ • _____

_____

_____

_____

20___ • _____

_____

_____

_____

20

JULY

*When does your child's
personality shine?*

20___ • _____
_____
_____
_____

20___ • _____
_____
_____
_____

20___ • _____
_____
_____
_____

20___ • _____
_____
_____
_____

20___ • _____
_____
_____
_____

*What thankless task have
you been ignoring?*

20___ •_____

_____

_____

_____

20___ •_____

_____

_____

_____

20___ •_____

_____

_____

_____

20___ •_____

_____

_____

_____

20___ •_____

_____

_____

_____

JULY

*When was the last time
you worked out?*

20___ • _____

_____

_____

_____

20___ • _____

_____

_____

_____

20___ • _____

_____

_____

_____

20___ • _____

_____

_____

_____

20___ • _____

_____

_____

_____

JULY

23

*What's tough about this
stage of childhood?*

20___ • _____

_____

_____

_____

20___ • _____

_____

_____

_____

20___ • _____

_____

_____

_____

20___ • _____

_____

_____

_____

20___ • _____

_____

_____

_____

JULY

*Describe a beautiful
moment with your kid.*

20___ • _____
_____
_____
_____

20___ • _____
_____
_____
_____

20___ • _____
_____
_____
_____

20___ • _____
_____
_____
_____

20___ • _____
_____
_____
_____

JULY

In our house, the sound of silence means _____.

20___ • _____

_____

_____

_____

20___ • _____

_____

_____

_____

20___ • _____

_____

_____

_____

20___ • _____

_____

_____

_____

20___ • _____

_____

_____

_____

26

JULY

Write a haiku about your day.
(5 syllables/7 syllables/5 syllables)

20___ • _____

_____

_____

_____

20___ • _____

_____

_____

_____

20___ • _____

_____

_____

_____

20___ • _____

_____

_____

_____

20___ • _____

_____

_____

_____

JULY

*What's your child's
reaction to older kids?*

27

20___ • _____

_____

_____

_____

20___ • _____

_____

_____

_____

20___ • _____

_____

_____

_____

20___ • _____

_____

_____

_____

20___ • _____

_____

_____

_____

JULY

Describe a recent day trip.

20___ • _____
_____
_____
_____

20___ • _____
_____
_____
_____

20___ • _____
_____
_____
_____

20___ • _____
_____
_____
_____

20___ • _____
_____
_____
_____

JULY

*What's a common
question people ask about
your kid these days?*

20___ • _____
_____
_____
_____

20___ • _____
_____
_____
_____

20___ • _____
_____
_____
_____

20___ • _____
_____
_____
_____

20___ • _____
_____
_____
_____

JULY

*Has your child been
acting up lately?*

20___ • _____
_____
_____
_____

20___ • _____
_____
_____
_____

20___ • _____
_____
_____
_____

20___ • _____
_____
_____
_____

20___ • _____
_____
_____
_____

JULY

What was the last party you attended?

31

20___ • _____

_____

_____

_____

20___ • _____

_____

_____

_____

20___ • _____

_____

_____

_____

20___ • _____

_____

_____

_____

20___ • _____

_____

_____

_____

1

AUGUST

*Name a place near your home
that you like to visit.*

20___ • _____

_____

_____

_____

20___ • _____

_____

_____

_____

20___ • _____

_____

_____

_____

20___ • _____

_____

_____

_____

20___ • _____

_____

_____

_____

AUGUST

*What's a good theme song
for your child right now?*

2

20___ • _____

_____

_____

_____

20___ • _____

_____

_____

_____

20___ • _____

_____

_____

_____

20___ • _____

_____

_____

_____

20___ • _____

_____

_____

_____

AUGUST

I really need (a) new _____.

20___ • _____
_____
_____
_____

20___ • _____
_____
_____
_____

20___ • _____
_____
_____
_____

20___ • _____
_____
_____
_____

20___ • _____
_____
_____
_____

AUGUST

*What's something your
child treasures?*

20___ • _____

_____

_____

_____

20___ • _____

_____

_____

_____

20___ • _____

_____

_____

_____

20___ • _____

_____

_____

_____

20___ • _____

_____

_____

_____

5

AUGUST

*Describe a moment when
you wished you'd had a camera.*

20___ • _____

_____

_____

_____

20___ • _____

_____

_____

_____

20___ • _____

_____

_____

_____

20___ • _____

_____

_____

_____

20___ • _____

_____

_____

_____

AUGUST

*What's one thing about being
a mom that you never expected?*

20___ • _____

_____

_____

_____

20___ • _____

_____

_____

_____

20___ • _____

_____

_____

_____

20___ • _____

_____

_____

_____

20___ • _____

_____

_____

_____

AUGUST

*What do you—and only you—get to
share with your child?*

20___ •_____

_____

_____

_____

20___ •_____

_____

_____

_____

20___ •_____

_____

_____

_____

20___ •_____

_____

_____

_____

20___ •_____

_____

_____

_____

AUGUST

*Is there harmony in your
home right now?*

20___ • _____

_____

_____

_____

20___ • _____

_____

_____

_____

20___ • _____

_____

_____

_____

20___ • _____

_____

_____

_____

20___ • _____

_____

_____

_____

AUGUST

*How does your child keep you
in touch with sensory experience?*

20___ •_____

_____

_____

_____

20___ •_____

_____

_____

_____

20___ •_____

_____

_____

_____

20___ •_____

_____

_____

_____

20___ •_____

_____

_____

_____

10

*When were you last up in
the middle of the night?*

20 ___ • _____

_____

_____

_____

20 ___ • _____

_____

_____

_____

20 ___ • _____

_____

_____

_____

20 ___ • _____

_____

_____

_____

20 ___ • _____

_____

_____

_____

11

AUGUST

*What's your favorite
day of the week? Why?*

20___ • _____
_____
_____
_____

20___ • _____
_____
_____
_____

20___ • _____
_____
_____
_____

20___ • _____
_____
_____
_____

20___ • _____
_____
_____
_____

*How do you envision your
family in ten years?*

20___ • _____
_____
_____
_____

20___ • _____
_____
_____
_____

20___ • _____
_____
_____
_____

20___ • _____
_____
_____
_____

20___ • _____
_____
_____
_____

13

*What did your child do when
he or she woke up this morning?*

20___ • _____
_____
_____
_____

20___ • _____
_____
_____
_____

20___ • _____
_____
_____
_____

20___ • _____
_____
_____
_____

20___ • _____
_____
_____
_____

*I wish _____ could
understand _____.*

20___ • _____
_____
_____
_____

20___ • _____
_____
_____
_____

20___ • _____
_____
_____
_____

20___ • _____
_____
_____
_____

20___ • _____
_____
_____
_____

15

AUGUST

*What's a recent splurge
you made for yourself?*

20___ • _____

_____

_____

_____

20___ • _____

_____

_____

_____

20___ • _____

_____

_____

_____

20___ • _____

_____

_____

_____

20___ • _____

_____

_____

_____

AUGUST

16

How has your thinking changed about an aspect of parenting?

20___ •_____

_____

_____

_____

20___ •_____

_____

_____

_____

20___ •_____

_____

_____

_____

20___ •_____

_____

_____

_____

20___ •_____

_____

_____

_____

17

*What fascinates your child
about the natural world?*

20___ • _____

_____

_____

_____

20___ • _____

_____

_____

_____

20___ • _____

_____

_____

_____

20___ • _____

_____

_____

_____

20___ • _____

_____

_____

_____

*I really don't think
kids need _____.*

20___ • _____
_____
_____
_____

20___ • _____
_____
_____
_____

20___ • _____
_____
_____
_____

20___ • _____
_____
_____
_____

20___ • _____
_____
_____
_____

19

AUGUST

What do you still look back on fondly about last year?

20___ • _____

_____

_____

_____

20___ • _____

_____

_____

_____

20___ • _____

_____

_____

_____

20___ • _____

_____

_____

_____

20___ • _____

_____

_____

_____

My kid can be a stinker when _____.

20___ • _____

_____

_____

_____

20___ • _____

_____

_____

_____

20___ • _____

_____

_____

_____

20___ • _____

_____

_____

_____

20___ • _____

_____

_____

_____

21

AUGUST

As a mom, has technology been a friend or foe lately?

20___ • _____

_____

_____

_____

20___ • _____

_____

_____

_____

20___ • _____

_____

_____

_____

20___ • _____

_____

_____

_____

20___ • _____

_____

_____

_____

AUGUST

*What's the funkiest thing
your kid has put in
his or her mouth to date?*

22

20___ • _____

_____

_____

_____

20___ • _____

_____

_____

_____

20___ • _____

_____

_____

_____

20___ • _____

_____

_____

_____

20___ • _____

_____

_____

_____

23

AUGUST

How's your social life?

20___ •_____

_____

_____

_____

20___ •_____

_____

_____

_____

20___ •_____

_____

_____

_____

20___ •_____

_____

_____

_____

20___ •_____

_____

_____

_____

AUGUST

*What's your child's reaction
to cats and dogs?*

20___ • _____

_____

_____

_____

20___ • _____

_____

_____

_____

20___ • _____

_____

_____

_____

20___ • _____

_____

_____

_____

20___ • _____

_____

_____

_____

AUGUST

What family member's traits do you see the most of in your child?

20___ • _____

_____

_____

_____

20___ • _____

_____

_____

_____

20___ • _____

_____

_____

_____

20___ • _____

_____

_____

_____

20___ • _____

_____

_____

_____

AUGUST

What scares you about the future?

20___ • _____

20___ • _____

20___ • _____

20___ • _____

20___ • _____

AUGUST

How tall is your child right now?

20___ • _____
_____
_____
_____

20___ • _____
_____
_____
_____

20___ • _____
_____
_____
_____

20___ • _____
_____
_____
_____

20___ • _____
_____
_____
_____

AUGUST

*When was the last time
you went to the beach?*

28

20___ •_____

_____

_____

_____

20___ •_____

_____

_____

_____

20___ •_____

_____

_____

_____

20___ •_____

_____

_____

_____

20___ •_____

_____

_____

_____

AUGUST

What's on your mind?

20___ • _____

_____

_____

_____

20___ • _____

_____

_____

_____

20___ • _____

_____

_____

_____

20___ • _____

_____

_____

_____

20___ • _____

_____

_____

_____

AUGUST

3 0

*Today, my child thought
_____ was funny.*

20____ •_____

_____

_____

_____

20____ •_____

_____

_____

_____

20____ •_____

_____

_____

_____

20____ •_____

_____

_____

_____

20____ •_____

_____

_____

_____

31

AUGUST

*If you could freeze a moment
from this week, what would it be?*

20____ • _____

_____

_____

_____

20____ • _____

_____

_____

_____

20____ • _____

_____

_____

_____

20____ • _____

_____

_____

_____

20____ • _____

_____

_____

_____

SEPTEMBER

1

What do you love about this time of year?

20___ •_____

_____

_____

_____

20___ •_____

_____

_____

_____

20___ •_____

_____

_____

_____

20___ •_____

_____

_____

_____

20___ •_____

_____

_____

_____

SEPTEMBER

*What was the last thing
you signed your child up for?*

20___ • _____

_____

_____

_____

20___ • _____

_____

_____

_____

20___ • _____

_____

_____

_____

20___ • _____

_____

_____

_____

20___ • _____

_____

_____

_____

You are the mother ship.
Describe yourself!

3

20___ • _____

_____

_____

_____

20___ • _____

_____

_____

_____

20___ • _____

_____

_____

_____

20___ • _____

_____

_____

_____

20___ • _____

_____

_____

_____

SEPTEMBER

*The coolest place I've been
with my child this year was:*

20___ • _____

20___ • _____

20___ • _____

20___ • _____

20___ • _____

SEPTEMBER

*Have you made time for
passion in the past month?*

5

20___ • _____

_____

_____

_____

20___ • _____

_____

_____

_____

20___ • _____

_____

_____

_____

20___ • _____

_____

_____

_____

20___ • _____

_____

_____

_____

SEPTEMBER

What do you always keep on hand?

20___ • _____

_____

_____

_____

20___ • _____

_____

_____

_____

20___ • _____

_____

_____

_____

20___ • _____

_____

_____

_____

20___ • _____

_____

_____

_____

SEPTEMBER

My child is very sensitive to _____.

20___ • _____
_____
_____
_____

20___ • _____
_____
_____
_____

20___ • _____
_____
_____
_____

20___ • _____
_____
_____
_____

20___ • _____
_____
_____
_____

SEPTEMBER

*What's a kid-centric activity
that you have no interest in?*

20___ • _____

_____

_____

_____

20___ • _____

_____

_____

_____

20___ • _____

_____

_____

_____

20___ • _____

_____

_____

_____

20___ • _____

_____

_____

_____

SEPTEMBER

*Give an example of your
child's derring-do!*

20___ • _____

_____

_____

_____

20___ • _____

_____

_____

_____

20___ • _____

_____

_____

_____

20___ • _____

_____

_____

_____

20___ • _____

_____

_____

_____

10

*What's an uncomfortable
emotion you've experienced recently?*

20___ •_____

_____

_____

_____

20___ •_____

_____

_____

_____

20___ •_____

_____

_____

_____

20___ •_____

_____

_____

_____

20___ •_____

_____

_____

_____

SEPTEMBER

Did your child get some fresh air today?

20___ • _____

_____

_____

_____

20___ • _____

_____

_____

_____

20___ • _____

_____

_____

_____

20___ • _____

_____

_____

_____

20___ • _____

_____

_____

_____

12

SEPTEMBER

I wish moms didn't have to _____.

20___ • _____

_____

_____

_____

20___ • _____

_____

_____

_____

20___ • _____

_____

_____

_____

20___ • _____

_____

_____

_____

20___ • _____

_____

_____

_____

13

*What's something your child
has recently grown out of?*

20___ • _____

_____

_____

_____

20___ • _____

_____

_____

_____

20___ • _____

_____

_____

_____

20___ • _____

_____

_____

_____

20___ • _____

_____

_____

_____

SEPTEMBER

Describe your best friend.

20___ •_____
_____
_____
_____

20___ •_____
_____
_____
_____

20___ •_____
_____
_____
_____

20___ •_____
_____
_____
_____

20___ •_____
_____
_____
_____

20___ • _____

_____

_____

_____

20___ • _____

_____

_____

_____

20___ • _____

_____

_____

_____

20___ • _____

_____

_____

_____

20___ • _____

_____

_____

_____

16

*I want to be a good role model
for my child by _____.*

20___ • _____

_____

_____

_____

20___ • _____

_____

_____

_____

20___ • _____

_____

_____

_____

20___ • _____

_____

_____

_____

20___ • _____

_____

_____

_____

SEPTEMBER

*What was the sweetest
moment today?*

20___ •_____

_____

_____

_____

20___ •_____

_____

_____

_____

20___ •_____

_____

_____

_____

20___ •_____

_____

_____

_____

20___ •_____

_____

_____

_____

18

Describe how your child sleeps.

20___ • _____

_____

_____

_____

20___ • _____

_____

_____

_____

20___ • _____

_____

_____

_____

20___ • _____

_____

_____

_____

20___ • _____

_____

_____

_____

SEPTEMBER

19

*What's a project you
want to tackle?*

20____ • _____

_____

_____

_____

20____ • _____

_____

_____

_____

20____ • _____

_____

_____

_____

20____ • _____

_____

_____

_____

20____ • _____

_____

_____

_____

SEPTEMBER

When was the last time you dressed up?

20___ • _____

_____

_____

_____

20___ • _____

_____

_____

_____

20___ • _____

_____

_____

_____

20___ • _____

_____

_____

_____

20___ • _____

_____

_____

_____

SEPTEMBER

*What do you love
about weekends?*

20___ •_____
_____
_____
_____

20___ •_____
_____
_____
_____

20___ •_____
_____
_____
_____

20___ •_____
_____
_____
_____

20___ •_____
_____
_____
_____

SEPTEMBER

*My child's latest
fascination is:*

20___ • _____

_____

_____

_____

20___ • _____

_____

_____

_____

20___ • _____

_____

_____

_____

20___ • _____

_____

_____

_____

20___ • _____

_____

_____

_____

SEPTEMBER

23

*What would you like
to stay the same?*

20___ •_____

_____

_____

_____

20___ •_____

_____

_____

_____

20___ •_____

_____

_____

_____

20___ •_____

_____

_____

_____

20___ •_____

_____

_____

_____

SEPTEMBER

Who do you confide in?

20___ • _____

_____

_____

_____

20___ • _____

_____

_____

_____

20___ • _____

_____

_____

_____

20___ • _____

_____

_____

_____

20___ • _____

_____

_____

_____

SEPTEMBER

25

*What's your favorite object
in your child's room?*

20___ • _____

_____

_____

_____

20___ • _____

_____

_____

_____

20___ • _____

_____

_____

_____

20___ • _____

_____

_____

_____

20___ • _____

_____

_____

_____

26

SEPTEMBER

When is your child the loudest?

20___ • _____

_____

_____

_____

20___ • _____

_____

_____

_____

20___ • _____

_____

_____

_____

20___ • _____

_____

_____

_____

20___ • _____

_____

_____

_____

SEPTEMBER

27

*How do you feel about
your body right now?*

20___ •_____

_____

_____

_____

20___ •_____

_____

_____

_____

20___ •_____

_____

_____

_____

20___ •_____

_____

_____

_____

20___ •_____

_____

_____

_____

SEPTEMBER

What makes you feel wistful?

20___ •_____

_____

_____

_____

20___ •_____

_____

_____

_____

20___ •_____

_____

_____

_____

20___ •_____

_____

_____

_____

20___ •_____

_____

_____

_____

SEPTEMBER

*I can't believe we spend so
much money on _____.*

20____ • _____
_____
_____
_____

20____ • _____
_____
_____
_____

20____ • _____
_____
_____
_____

20____ • _____
_____
_____
_____

20____ • _____
_____
_____
_____

SEPTEMBER

*What would you like
to tell your father?*

20___ •_____
_____
_____
_____

20___ •_____
_____
_____
_____

20___ •_____
_____
_____
_____

20___ •_____
_____
_____
_____

20___ •_____
_____
_____
_____

OCTOBER

Everybody poops. Say something about poop these days.

1

20___ • _____

_____

_____

_____

20___ • _____

_____

_____

_____

20___ • _____

_____

_____

_____

20___ • _____

_____

_____

_____

20___ • _____

_____

_____

_____

OCTOBER

*Has your child done something
naughty recently?*

20___ •_____

_____

_____

_____

20___ •_____

_____

_____

_____

20___ •_____

_____

_____

_____

20___ •_____

_____

_____

_____

20___ •_____

_____

_____

_____

*As a mom, what's something
you have strong feelings
or opinions about?*

20___ • _____

_____

_____

_____

20___ • _____

_____

_____

_____

20___ • _____

_____

_____

_____

20___ • _____

_____

_____

_____

20___ • _____

_____

_____

_____

OCTOBER

*What's your child's favorite
thing to play with?*

20___ • _____

_____

_____

_____

20___ • _____

_____

_____

_____

20___ • _____

_____

_____

_____

20___ • _____

_____

_____

_____

20___ • _____

_____

_____

_____

OCTOBER

Do you need to vent? Do it here.

5

20___ • _____
_____
_____
_____

20___ • _____
_____
_____
_____

20___ • _____
_____
_____
_____

20___ • _____
_____
_____
_____

20___ • _____
_____
_____
_____

OCTOBER

*What about your nightly routine
do you like? What do you
wish you could change?*

20___ • _____

_____

_____

_____

20___ • _____

_____

_____

_____

20___ • _____

_____

_____

_____

20___ • _____

_____

_____

_____

20___ • _____

_____

_____

_____

OCTOBER

*What tires your child out
more than anything else?*

20___ • _____
_____
_____
_____

20___ • _____
_____
_____
_____

20___ • _____
_____
_____
_____

20___ • _____
_____
_____
_____

20___ • _____
_____
_____
_____

OCTOBER

How has your family changed this year?

20___ • _____

_____

_____

_____

20___ • _____

_____

_____

_____

20___ • _____

_____

_____

_____

20___ • _____

_____

_____

_____

20___ • _____

_____

_____

_____

OCTOBER

What was your last cultural activity?

20___ •_____

_____

_____

_____

20___ •_____

_____

_____

_____

20___ •_____

_____

_____

_____

20___ •_____

_____

_____

_____

20___ •_____

_____

_____

_____

10 — OCTOBER

*How do you respond when
your child is out of control?*

20___ • _____

_____

_____

_____

20___ • _____

_____

_____

_____

20___ • _____

_____

_____

_____

20___ • _____

_____

_____

_____

20___ • _____

_____

_____

_____

OCTOBER

*What's the last movie you saw
that wasn't a kid's film?*

11

20___ • _____

_____

_____

_____

20___ • _____

_____

_____

_____

20___ • _____

_____

_____

_____

20___ • _____

_____

_____

_____

20___ • _____

_____

_____

_____

12

OCTOBER

*When was the last
time you danced?*

20___ •_____

_____

_____

_____

20___ •_____

_____

_____

_____

20___ •_____

_____

_____

_____

20___ •_____

_____

_____

_____

20___ •_____

_____

_____

_____

OCTOBER

*Describe the dinnertime
scene at your house.*

13

20___ • _____

_____

_____

_____

20___ • _____

_____

_____

_____

20___ • _____

_____

_____

_____

20___ • _____

_____

_____

_____

20___ • _____

_____

_____

_____

14

OCTOBER

*What's the last thing you
read about motherhood
that spoke to you?*

20___ • _____

_____

_____

_____

20___ • _____

_____

_____

_____

20___ • _____

_____

_____

_____

20___ • _____

_____

_____

_____

20___ • _____

_____

_____

_____

OCTOBER

Are you feeling healthy?

15

20___ • _____

_____

_____

_____

20___ • _____

_____

_____

_____

20___ • _____

_____

_____

_____

20___ • _____

_____

_____

_____

20___ • _____

_____

_____

_____

16

OCTOBER

What frustrates your child?

20___ • _____

_____

_____

_____

20___ • _____

_____

_____

_____

20___ • _____

_____

_____

_____

20___ • _____

_____

_____

_____

20___ • _____

_____

_____

_____

OCTOBER

*If you were to describe
mom-life to a non-mom,
what would you say?*

20___ • _____

_____

_____

_____

20___ • _____

_____

_____

_____

20___ • _____

_____

_____

_____

20___ • _____

_____

_____

_____

20___ • _____

_____

_____

_____

18

OCTOBER

What do you miss?

20___ • _____
_____
_____
_____

20___ • _____
_____
_____
_____

20___ • _____
_____
_____
_____

20___ • _____
_____
_____
_____

20___ • _____
_____
_____
_____

Name a quirk about your kid.

20___ •_____

_____

_____

_____

20___ •_____

_____

_____

_____

20___ •_____

_____

_____

_____

20___ •_____

_____

_____

_____

20___ •_____

_____

_____

_____

OCTOBER

*What's a place
(outside of home) that
reminds you of your child?*

20___ • _____

_____

_____

_____

20___ • _____

_____

_____

_____

20___ • _____

_____

_____

_____

20___ • _____

_____

_____

_____

20___ • _____

_____

_____

_____

OCTOBER

Who was the last person to encourage or compliment you? About what?

20___ • _____

_____

_____

_____

20___ • _____

_____

_____

_____

20___ • _____

_____

_____

_____

20___ • _____

_____

_____

_____

20___ • _____

_____

_____

_____

22

*My child was acting
like a _____ today.*

20___ • _____
_____
_____
_____

20___ • _____
_____
_____
_____

20___ • _____
_____
_____
_____

20___ • _____
_____
_____
_____

20___ • _____
_____
_____
_____

*Is there someone in your
life who just doesn't
get motherhood?*

20___ • _____

_____

_____

_____

20___ • _____

_____

_____

_____

20___ • _____

_____

_____

_____

20___ • _____

_____

_____

_____

20___ • _____

_____

_____

_____

OCTOBER

*I feel confident in
my ability to _____.*

20___ • _____

_____

_____

_____

20___ • _____

_____

_____

_____

20___ • _____

_____

_____

_____

20___ • _____

_____

_____

_____

20___ • _____

_____

_____

_____

OCTOBER

25

*How does your child
interact with babies?*

20____ • _____

_____

_____

_____

20____ • _____

_____

_____

_____

20____ • _____

_____

_____

_____

20____ • _____

_____

_____

_____

20____ • _____

_____

_____

_____

OCTOBER

*Who or what helps
ease your mind?*

20___ • _____
_____
_____
_____

20___ • _____
_____
_____
_____

20___ • _____
_____
_____
_____

20___ • _____
_____
_____
_____

20___ • _____
_____
_____
_____

OCTOBER

*I wish I could give
my child _____.*

27

20_____ • _____

_____

_____

_____

20_____ • _____

_____

_____

_____

20_____ • _____

_____

_____

_____

20_____ • _____

_____

_____

_____

20_____ • _____

_____

_____

_____

OCTOBER

*What's the nastiest thing
you've cleaned up recently?*

20____ •_____

_____

_____

_____

20____ •_____

_____

_____

_____

20____ •_____

_____

_____

_____

20____ •_____

_____

_____

_____

20____ •_____

_____

_____

_____

OCTOBER

*How would your mom
describe you as a mom?*

20 ___ • _____
_____
_____
_____

20 ___ • _____
_____
_____
_____

20 ___ • _____
_____
_____
_____

20 ___ • _____
_____
_____
_____

20 ___ • _____
_____
_____
_____

30

OCTOBER

*Where's the last place
you went with your child?*

20___ • _____

_____

_____

_____

20___ • _____

_____

_____

_____

20___ • _____

_____

_____

_____

20___ • _____

_____

_____

_____

20___ • _____

_____

_____

_____

OCTOBER

*Does your child have a
Halloween costume? What is it?*

31

20___ •_____

_____

_____

_____

20___ •_____

_____

_____

_____

20___ •_____

_____

_____

_____

20___ •_____

_____

_____

_____

20___ •_____

_____

_____

_____

1

NOVEMBER

I fantasize about _____ these days.

20___ • _____
_____
_____
_____

20___ • _____
_____
_____
_____

20___ • _____
_____
_____
_____

20___ • _____
_____
_____
_____

20___ • _____
_____
_____
_____

NOVEMBER

Does your child have a self-soothing routine?

2

20___ • _____

_____

_____

_____

20___ • _____

_____

_____

_____

20___ • _____

_____

_____

_____

20___ • _____

_____

_____

_____

20___ • _____

_____

_____

_____

*As a parent, what do you
appreciate about where you live?*

20___ • _____
_____
_____
_____

20___ • _____
_____
_____
_____

20___ • _____
_____
_____
_____

20___ • _____
_____
_____
_____

20___ • _____
_____
_____
_____

NOVEMBER

*How does your child
try your patience?*

20 __ •_____

_____

_____

_____

20 __ •_____

_____

_____

_____

20 __ •_____

_____

_____

_____

20 __ •_____

_____

_____

_____

20 __ •_____

_____

_____

_____

5

NOVEMBER

*In the next week, I'm going
to make time for _____.*

20___ • _____

_____

_____

_____

20___ • _____

_____

_____

_____

20___ • _____

_____

_____

_____

20___ • _____

_____

_____

_____

20___ • _____

_____

_____

_____

NOVEMBER

*What does the word
"motherhood" mean to you?*

20___ • _____

_____

_____

_____

20___ • _____

_____

_____

_____

20___ • _____

_____

_____

_____

20___ • _____

_____

_____

_____

20___ • _____

_____

_____

_____

NOVEMBER

What's driving you crazy?

20___ • _____
_____
_____
_____

20___ • _____
_____
_____
_____

20___ • _____
_____
_____
_____

20___ • _____
_____
_____
_____

20___ • _____
_____
_____
_____

NOVEMBER

_____ *did not live up*
to my expectations.

20___ •_____

_____

_____

_____

20___ •_____

_____

_____

_____

20___ •_____

_____

_____

_____

20___ •_____

_____

_____

_____

20___ •_____

_____

_____

_____

NOVEMBER

*Name the last children's
book that moved you.*

20___ • _____

_____

_____

_____

20___ • _____

_____

_____

_____

20___ • _____

_____

_____

_____

20___ • _____

_____

_____

_____

20___ • _____

_____

_____

_____

If your child could drive,
where would he or she take you?

20___ •_____
_____
_____
_____

20___ •_____
_____
_____
_____

20___ •_____
_____
_____
_____

20___ •_____
_____
_____
_____

20___ •_____
_____
_____
_____

11

*What would you like
to ask your mother?*

20___ • _____

_____

_____

_____

20___ • _____

_____

_____

_____

20___ • _____

_____

_____

_____

20___ • _____

_____

_____

_____

20___ • _____

_____

_____

_____

NOVEMBER

How do you comfort your child?

12

20___ • _____

_____

_____

_____

20___ • _____

_____

_____

_____

20___ • _____

_____

_____

_____

20___ • _____

_____

_____

_____

20___ • _____

_____

_____

_____

13

NOVEMBER

*What's a surprise
that you're planning?*

20___ •_____

_____

_____

_____

20___ •_____

_____

_____

_____

20___ •_____

_____

_____

_____

20___ •_____

_____

_____

_____

20___ •_____

_____

_____

_____

NOVEMBER

*I'll admit that I'm
jealous of _____.*

20___ • _____

_____

_____

_____

20___ • _____

_____

_____

_____

20___ • _____

_____

_____

_____

20___ • _____

_____

_____

_____

20___ • _____

_____

_____

_____

15

NOVEMBER

What's your child's favorite game?

20___ • _____

_____

_____

_____

20___ • _____

_____

_____

_____

20___ • _____

_____

_____

_____

20___ • _____

_____

_____

_____

20___ • _____

_____

_____

_____

*How do you get creative
with your kid?*

20___ • _____
_____
_____
_____

20___ • _____
_____
_____
_____

20___ • _____
_____
_____
_____

20___ • _____
_____
_____
_____

20___ • _____
_____
_____
_____

17

NOVEMBER

Describe your last, best,
"grown-up" conversation.

20___ • _____

_____

_____

_____

20___ • _____

_____

_____

_____

20___ • _____

_____

_____

_____

20___ • _____

_____

_____

_____

20___ • _____

_____

_____

_____

NOVEMBER

18

What's something you'll do differently next time?

20___ • _____

_____

_____

_____

20___ • _____

_____

_____

_____

20___ • _____

_____

_____

_____

20___ • _____

_____

_____

_____

20___ • _____

_____

_____

_____

19

NOVEMBER

*Do you have any dietary
rules for your kid?*

20___ • _____

_____

_____

_____

20___ • _____

_____

_____

_____

20___ • _____

_____

_____

_____

20___ • _____

_____

_____

_____

20___ • _____

_____

_____

_____

NOVEMBER

20

What is getting easier?

20___ • _____

_____

_____

_____

20___ • _____

_____

_____

_____

20___ • _____

_____

_____

_____

20___ • _____

_____

_____

_____

20___ • _____

_____

_____

_____

NOVEMBER

If you could teleport your family anywhere for a day, it would be:

20___ • _____

_____

_____

_____

20___ • _____

_____

_____

_____

20___ • _____

_____

_____

_____

20___ • _____

_____

_____

_____

20___ • _____

_____

_____

_____

NOVEMBER

What are you most grateful for?

20___ • _____

_____

_____

_____

20___ • _____

_____

_____

_____

20___ • _____

_____

_____

_____

20___ • _____

_____

_____

_____

20___ • _____

_____

_____

_____

NOVEMBER

*How does your child
bring meaning to your life?*

20___ • _____

_____

_____

_____

20___ • _____

_____

_____

_____

20___ • _____

_____

_____

_____

20___ • _____

_____

_____

_____

20___ • _____

_____

_____

_____

*What's a family tradition
you'd like to start or uphold?*

20___ • _____
_____
_____
_____

20___ • _____
_____
_____
_____

20___ • _____
_____
_____
_____

20___ • _____
_____
_____
_____

20___ • _____
_____
_____
_____

NOVEMBER

*Have you had a particularly
hard or easy good-bye recently?*

20___ • _____

_____

_____

_____

20___ • _____

_____

_____

_____

20___ • _____

_____

_____

_____

20___ • _____

_____

_____

_____

20___ • _____

_____

_____

_____

*What's the cutest outfit
your child wears these days?*

20___ •_____

_____

_____

_____

20___ •_____

_____

_____

_____

20___ •_____

_____

_____

_____

20___ •_____

_____

_____

_____

20___ •_____

_____

_____

_____

NOVEMBER

I'm feeling inspired by _____.

20___ • _____
_____
_____
_____

20___ • _____
_____
_____
_____

20___ • _____
_____
_____
_____

20___ • _____
_____
_____
_____

20___ • _____
_____
_____
_____

NOVEMBER

*Have there been any
memorable puking
incidents this year?*

28

20___ • _____

_____

_____

_____

20___ • _____

_____

_____

_____

20___ • _____

_____

_____

_____

20___ • _____

_____

_____

_____

20___ • _____

_____

_____

_____

NOVEMBER

*Motherhood has
made me _____.*

20___ • _____

_____

_____

_____

20___ • _____

_____

_____

_____

20___ • _____

_____

_____

_____

20___ • _____

_____

_____

_____

20___ • _____

_____

_____

_____

NOVEMBER

30

*Is there a running joke
in your family right now?*

20___ • _____

_____

_____

_____

20___ • _____

_____

_____

_____

20___ • _____

_____

_____

_____

20___ • _____

_____

_____

_____

20___ • _____

_____

_____

_____

1

DECEMBER

What tells you your child is smart?

20___ • _____

_____

_____

_____

20___ • _____

_____

_____

_____

20___ • _____

_____

_____

_____

20___ • _____

_____

_____

_____

20___ • _____

_____

_____

_____

DECEMBER

This morning I woke up to _____.

20___ • _____

_____

_____

_____

20___ • _____

_____

_____

_____

20___ • _____

_____

_____

_____

20___ • _____

_____

_____

_____

20___ • _____

_____

_____

_____

3

DECEMBER

What do you give your child as a treat?

20___ • _____

_____

_____

_____

20___ • _____

_____

_____

_____

20___ • _____

_____

_____

_____

20___ • _____

_____

_____

_____

20___ • _____

_____

_____

_____

DECEMBER

Have you experienced grief this year?

20___ • _____
_____
_____
_____

20___ • _____
_____
_____
_____

20___ • _____
_____
_____
_____

20___ • _____
_____
_____
_____

20___ • _____
_____
_____
_____

5

DECEMBER

What's the best thing about Saturday?

20___ • _____

_____

_____

_____

20___ • _____

_____

_____

_____

20___ • _____

_____

_____

_____

20___ • _____

_____

_____

_____

20___ • _____

_____

_____

_____

DECEMBER

*Choose a high point and
a low point from this week.*

20___ • _____

_____

_____

_____

20___ • _____

_____

_____

_____

20___ • _____

_____

_____

_____

20___ • _____

_____

_____

_____

20___ • _____

_____

_____

_____

DECEMBER

*What do you hope for
your child in the next year?*

20___ • _____

_____

_____

_____

20___ • _____

_____

_____

_____

20___ • _____

_____

_____

_____

20___ • _____

_____

_____

_____

20___ • _____

_____

_____

_____

DECEMBER

I feel pressure to _____.

20___ • _____

_____

_____

_____

20___ • _____

_____

_____

_____

20___ • _____

_____

_____

_____

20___ • _____

_____

_____

_____

20___ • _____

_____

_____

_____

DECEMBER

*What would you do if you had
no responsibilities right now?*

20___ • _____

_____

_____

_____

20___ • _____

_____

_____

_____

20___ • _____

_____

_____

_____

20___ • _____

_____

_____

_____

20___ • _____

_____

_____

_____

DECEMBER

10

*What's a recent comment
about your child's name?*

20___ • _____

_____

_____

_____

20___ • _____

_____

_____

_____

20___ • _____

_____

_____

_____

20___ • _____

_____

_____

_____

20___ • _____

_____

_____

_____

11

DECEMBER

*As a mom, who or what
helps you feel supported?*

20___ • _____

_____

_____

_____

20___ • _____

_____

_____

_____

20___ • _____

_____

_____

_____

20___ • _____

_____

_____

_____

20___ • _____

_____

_____

_____

DECEMBER

12

*Tell something annoying
that happened today.*

20___ • _____
_____
_____
_____

20___ • _____
_____
_____
_____

20___ • _____
_____
_____
_____

20___ • _____
_____
_____
_____

20___ • _____
_____
_____
_____

13

DECEMBER

*What's the longest you've been
apart from your child this year?*

20___ • _____

_____

_____

_____

20___ • _____

_____

_____

_____

20___ • _____

_____

_____

_____

20___ • _____

_____

_____

_____

20___ • _____

_____

_____

_____

DECEMBER

*What's the strangest
kid toy, gadget, or contraption
you've seen recently?*

20___ • _____

_____

_____

_____

20___ • _____

_____

_____

_____

20___ • _____

_____

_____

_____

20___ • _____

_____

_____

_____

20___ • _____

_____

_____

_____

15

*Does your child seem
to have a regular ailment?*

20___ •_____

_____

_____

_____

20___ •_____

_____

_____

_____

20___ •_____

_____

_____

_____

20___ •_____

_____

_____

_____

20___ •_____

_____

_____

_____

DECEMBER

*Describe the best thing about
your child's grandparents.*

20___ • _____

_____

_____

_____

20___ • _____

_____

_____

_____

20___ • _____

_____

_____

_____

20___ • _____

_____

_____

_____

20___ • _____

_____

_____

_____

17

DECEMBER

What activity is on repeat right now?

20___ • _____

_____

_____

_____

20___ • _____

_____

_____

_____

20___ • _____

_____

_____

_____

20___ • _____

_____

_____

_____

20___ • _____

_____

_____

_____

DECEMBER

18

I can't wait until we can _____ together.

20____ • _____

_____

_____

_____

20____ • _____

_____

_____

_____

20____ • _____

_____

_____

_____

20____ • _____

_____

_____

_____

20____ • _____

_____

_____

_____

19

DECEMBER

*What's a positive ritual
in your family?*

20___ •_____

_____

_____

_____

20___ •_____

_____

_____

_____

20___ •_____

_____

_____

_____

20___ •_____

_____

_____

_____

20___ •_____

_____

_____

_____

DECEMBER

*We need to stop
eating _____.*

20

20___ • _____
_____
_____
_____

20___ • _____
_____
_____
_____

20___ • _____
_____
_____
_____

20___ • _____
_____
_____
_____

20___ • _____
_____
_____
_____

DECEMBER

*Who are the people who
shaped your year?*

20___ • _____

_____

_____

_____

20___ • _____

_____

_____

_____

20___ • _____

_____

_____

_____

20___ • _____

_____

_____

_____

20___ • _____

_____

_____

_____

*What's the last piece
of well-meaning mom
advice you received?*

20___ • _____

_____

_____

_____

20___ • _____

_____

_____

_____

20___ • _____

_____

_____

_____

20___ • _____

_____

_____

_____

20___ • _____

_____

_____

_____

DECEMBER

What's an important memento from this year?

20___ • _____
_____
_____
_____

20___ • _____
_____
_____
_____

20___ • _____
_____
_____
_____

20___ • _____
_____
_____
_____

20___ • _____
_____
_____
_____

*Describe a magical
moment with your kid.*

24

20___ • _____

_____

_____

_____

20___ • _____

_____

_____

_____

20___ • _____

_____

_____

_____

20___ • _____

_____

_____

_____

20___ • _____

_____

_____

_____

DECEMBER

*What's a gift you are/were
excited about giving?*

20___ • _____

_____

_____

_____

20___ • _____

_____

_____

_____

20___ • _____

_____

_____

_____

20___ • _____

_____

_____

_____

20___ • _____

_____

_____

_____

DECEMBER

26

What's the best gift someone has given your child?

20___ • _____

_____

_____

_____

20___ • _____

_____

_____

_____

20___ • _____

_____

_____

_____

20___ • _____

_____

_____

_____

20___ • _____

_____

_____

_____

DECEMBER

Describe your kid's room right now.

20___ • _____

_____

_____

_____

20___ • _____

_____

_____

_____

20___ • _____

_____

_____

_____

20___ • _____

_____

_____

_____

20___ • _____

_____

_____

_____

DECEMBER

28

*Have you braved an
airplane or a train
with your child? When?*

20___ • _____

_____

_____

_____

20___ • _____

_____

_____

_____

20___ • _____

_____

_____

_____

20___ • _____

_____

_____

_____

20___ • _____

_____

_____

_____

DECEMBER

*What have you learned
about yourself this year?*

20___ • _____

_____

_____

_____

20___ • _____

_____

_____

_____

20___ • _____

_____

_____

_____

20___ • _____

_____

_____

_____

20___ • _____

_____

_____

_____

DECEMBER

30

*What have you learned
about your child this year?*

20___ • _____

_____

_____

_____

20___ • _____

_____

_____

_____

20___ • _____

_____

_____

_____

20___ • _____

_____

_____

_____

20___ • _____

_____

_____

_____

31

DECEMBER

You're Mom of the Year!
What does your nomination say?

20___ • _____

_____

_____

_____

20___ • _____

_____

_____

_____

20___ • _____

_____

_____

_____

20___ • _____

_____

_____

_____

20___ • _____

_____

_____

_____